I0331362

www.ingramcontent.com/pod-product-compliance
Lightning Source LLC
Chambersburg PA
CBHW051538010526
44107CB00064B/2773
9780645457940

آیه های زمینی

به انضمام منظومه سوار بر قایق حیات

«سروده های اِسپنتمان سَیار اَنشانی»

علی تقوایی

نقاشی: شکوفه کاوانی

Copyright ©2023 by Quip Publishing Pty Ltd.

www.quippublishing.com

All rights reserved. No part of this book may be reproduced or used in any manner without written permission of the copyright owner except for the use of quotation in a book review.

First paperback and eBook edition Oct 2022

ISBN 978-0-6454579-4-0 (paperback)

ISBN 978-0-6454579-5-7 (eBook)

©2023 Published by Quip Publishing

در باره شاعر

علی تقوایی در سال ۱۳۴۷ (۱۹۶۸) در خانواده ای فرهنگی در شهر تهران به دنیا آمد. او تنها پسر کارگردان نامدار ایرانی، ناصر تقوایی (خالق دایی جان ناپلئون؛ ای ایران و...) و شهرنوش پارسی پور نویسنده شهیر ایرانی (زنان بدون مردان؛ طوبا و معنای شب و ...) می باشد. دوران کودکی را مدتی در ایران و چند سالی در فرانسه سپری کرد. در ایران رشد کرده و همواره با بزرگان ادبیات و هنر ایران همنشینی داشته است.

او دارای لیسانس زبان فرانسه از دانشگاه آزاد تهران است و ساکن استرالیا می باشد. این کتاب مجموعه ای از شعرهای او می باشد که نقاشی-طراحی های آن توسط همسرش شکوفه کاوانی؛ نقاش و مترجم ایرانی ساکن استرالیا انجام شده است.

در آینه ی خورشید نگریستن چه دشوار است

آنجا که کاجهای طاووس شعله بر میدهند

دیروز

که امروز برایم فردا بود

اندام زیبایت را در آبگینه ای که از جنس عشق بود؛ تماشا میکردم

و شادمانه بر کرانه ی دریایی که دلها را توانگر میکند

به ژرفنای پیرامنت مینگریستم

و سرخوشانه تو را در میان مثلثی که خدا نام داشت

مرور میکردم

روانم را با روانی روان گِئوش اُورَون بزرگ یکتا میساختم

و به ضرباهنگ جاری موسیقای زُروان ؛

آن اقیانوس بی کرانه گوش فرا میدادم

زردهُشت ای سِپی تامه ،

کی فرا خواهد رسید

آن روزی که ما رنگین کمان زیبای حقیقت را

با اندامهای خود دیگر باره لمس کنیم ؟

کی فرا خواهد رسید شبی که در آن ستارگان

رنگهای گوناگون می یابند ؟

و روزی که بامدادش آغاز جاودانگی خواهد بود .

ای سپندار مَذ زیبا

ای زلالتر از پاکی آب

کی خواهد آمد روزی که عشق بر جهان مستولی شود ؟

و کین رخت بربندد از آن

تارهای باران خورده ی عنکبوتان

نشان از آن داشت که پلیدی از جهان رخت بر بسته بود

و پرواز آرام عقابها بر فراز آسمان

حکایت

از آن میکرد که آرامش به جهان بازگشته بود ---

و سنگ

خدا بودست در زمانی ---
استخوانهای شکسته یک درخت گویای گذرانی زندگی بود
و شهد بویناک و هوس انگیز و اسرار آمیز اندام تناسلی یک زن
راز تداوم را
بر من آشکار ساخته بود
و تو ای خرد مقدس
ای سپنتا مینو که خورشید
این اختر بلند خَرَه مند
را راهنمای ما ساختی
و شما ای سُشیینت ها
ای نو کنندگان جهان
کی فرا خواهد رسید آن هنگام که ژین بر اَژین چیره گردد ؟
و شما ای ویدوشان
که به راز بزرگ هستی
پی برده اید به من بگویید
از چه روست که خدا زن را برتر از مرد آفرید ؟
و خدا بوده است سنگ ؛ روزگاری
و با چخماق ، آتش افروختن کاری بس دشوار بوده است
ای زنان خواستنی ؛

ای ایزد بانوان گیتیک

چه نیکبختی می بود ما خدایان را گر یوغهایتان بر گرده هایمان استوار نمی بود

و خدا زن بوده است در زمانی

کالیفرنیا - آمریکا ۲۰۱۷

گِیوشروان = روان گاو یا گاو هستی

زروان = خدای زمان یا پرودگار عالم

سپی تامه = نام خانوادگی زرتشت

سپندارمظ = فرشته نگهبان زمین

سپنتا مینو = مینوی نیک

خرهمند = باشکوه

ژین و اژین = زندگی و مرگ

ویدوشان = عارفان

ایزد بانوان گیتیک = ایزد بانوان مادی

فانوس حقیقت گو

من فانوسی حقیقت گویم تنها

که هوخیمی کردار * شما را میدانم

و با پارسی ای گُمیخته *

مهراز اَهوم - بیش * گیتی را می ستایم

و من خسته در راهی تنها

ماهروز * فصلها را می پیمایم

و شما ای مردمان زیینده ؛

ز چه روست

که یَلد * فرداهایتان را می سپوزید * ؟

و یادوویر مرگ ؛

چنین شما را در میان گرفته است ؟

من با پوششی ارغوانی

پروانه ای صورتی رنگ را بر گرده ی خویش می چسپانم

و خسته در اتاقی تنها سرشاری تو را لمس میکنم .

و در آن هنگام که خدا، رُزی صورتی را خلق میکرد ؛

پسر انسان بر صلیبی فیروزه ای جان میداد .

و تو ای پروردگار من ؛

ای عشقِ هستی که مرا سرشار ساخته ای ؛

و شما ای آبشارهای بلند که به دریاچه ی گیتی فرو میریزید ،

و من و پسر حقیقت

حیران لحظه ای بودیم که قلبهایمان را به تپیدن واداشته بود .

و من و سیاره ام زمین با یکدیگر گردش میکردیم .

و تو ای آسمان ؛

ای چرخ بلند گیتی محور

من در آن هنگام که خدا را تماشا میکردم ؛

جاودانم می ساخت .

و تو ای پری ی زیبای خوابهای من که مرا پُر ساخته ای

من در درون سپیدِ کعبی سیاه
اَفت * خاتمی سرخ را تجربه میکردم
و تو ای اِستَرناو* زرین آینده ی من ؛
مرا به نزد آن اِسپاش* کی خواهی برد ؟
و تو ای گُنا مینو*
از برم دور شو و مرا بیش از این رنجه مساز
و تو ای بانوی زیبا ؛ ای اَنباغ * رازهای نیک من ؛
کی مرزهای چهریک * این جهان را درخواهم نوردید ؟
ویَمند *هستی چیست و رازهای پرهامی *ی شبهای گیتی کدامند ؟
و چیست که در مَنَهِ * آدمی جریان دارد ؟
و تو ای فرشگر* بزرگ ؛
ای پروردگار بی همتای هستی ؛
کی ما را به فردوس خویش خواهی برد ؟
عریان را نِگیختن* کاری بس بیهوده است ،
آنجا که اَندر یافت دانایی باز میماند
و تو آن ایستار* مینوّیک را به یادم می آوردی .
و من به قامت بلند بی شرافتی ی مدرن ایرانی قی میکردم .

دوشنبه ۲۴ سپتامبر ۲۰۱۸

ریچموند - کالیفرنیا
- هوخیمی کردار = کردار نیک
- گمیخته = آمیخته
- اهوم بیش = صفت اهورا مزدا یعنی درمانگر هستی
- ماهروز = تقویم
- یلد = تولد
- سپختن = به تعویق انداختن
- اَفت = معجزه
- استرناو = سفینه فضایی
- اِسپاش = خدای فضا
- گُنا مینو = مینوی بد
- اَنباغ = شریک
- چهریک = طبیعی
- ویمند = مفهوم
- پرهام = مفهوم
- مَنَه = ذهن
- فرشگر = نوکننده
- نگیختن = تفسیر کردن
- ایستار = زمانی که اهورا مزدا جهان را به صورت ایستاده خلق

کرده بوده است .

و خدا مردی آهسته * بود

در مدینه ی خدایان ؛

من و نسیم پروردگار ؛

سرشاری تو را تنفس میکردیم .

و من سرشاری ی تو را در نگر میگرفتم .

سیبی کِفتِ * آزاد میکرد

و من در حالی که به تِئوری ی نسبیت آنشتاین میپرداختم ،

راز هوُتُخش * عشق را نیز میدانستم .

و نمرود آتش افروز را فریدون وار گرامی میداشتم .

و به فَراد * آزاد آن سیب می اندیشیدم .

در دور دستهای پشت سر

اهریمن اِبگَت * می نمود

و من که مخلوق اهورا مزدا بودم ؛

به آینده ی تاریک بشریت می اندیشیدم .

و آن آیند های مقدس را در ویر * خود زَند می کردم * .

و در دل آرزو میکردم که آن بهشت پَهلوم اهورایی را با چشمان خود ببینم .

و در آن بزیَم ؛

و به موسیقایی که در آن جاری است ؛ گوش فرا بسپارم

و روشنی بُوَندَک ِ آن جای را دریابم .

من جسم فرشته ای خود را در فضا معلق میدارم

و به اندرزهای بزرگان پیش از خود می اندیشم .

آنجا که اندیشه از دریافتن باز میماند .

من در حالی که در مقابل یک آینه ایستاده بودم ،

به مرد پشت آینه می نگریستم .

و قلب صورتی یِ خود را به او تقدیم میکردم .

و در مَنَه خود گل سرخی سیاه را مجسم میساختم .

و عطر خوش لیمو را تخیل می کردم .

و من ، زیینده در مرکز جهان صلیب بلند خدا را در زمین فرو میکردم .

و من نِویکهایی* اهورایی را با قلب صنوبری خویش دریافت میکردم
و من وجه اهریمنی ی اهورا مزدا بودم .
من از پشت پنجره ای آبگون به رودخانه ی مقدس داییتی* می نگریستم
و به پشت گرمی آن واسپور بزرگ *
آرزوی گذر از آن را در دل می پروراندم .
من در حالی که دل گردوهای عشق را می شکافتم ،
شناختی که در آن پنهان است را مزه میکردم ،
و جگر گوشه ی همای را نوازش می نمودم .
و من که با دوچرخه ی زندگی فیروزی می کردم ،
به نیمروز خستگی می اندیشیدم .
من با واژگانی موازی حلقه های آگاهی را توصیف می نمودم .
و تو که به درخت تّخشایی می نگریستی ؛
دستان خسته ی خویش را نوازش می نمودی
- من در مدار نقطه ی اِس
با انگشتران جاودانگی خویش ؛
چشمان اهورایی ی تو را ستایش می نمودم .
و تو که با نیاز مندی های خویش ناز می نمودی ؛
استخوانهای خورد شدی ی مرا پیوند می بخشیدی .
در دوردستهای باز ؛

افقی روشن؛ خیمه ی سبز تو را نمودار می نمود.

و من که با پوششی ارغوانی به خیمه ی فسفری تو می اندیشیدم

پاهای خسته ی خویش را مشتمال می دادم.

و ما هر دو در سرایی نیلوفری؛

گردو بازانی عاشق بودیم

در خانه ای که تو را پنهان ساخته بود.

ریچموند - کالیفرنیا ؛ جمعه دوم نوامبر ، شب هنگام

- آهسته = باوقار
- کفت = سقوط
- هوتَخش = صنعت
- فراد = سقوط
- ابگت = حمله
- ویر = ذهن
- زند کردن = تفسیر کردن
- نِویک = نوشته
- رودخانه ی مقدس داییتی = رودخانه ای که برای معراج کردن باید از آن گذشت؛ البته در عالم خواب
- واسپور بزرگ = اَشو زرتشت

سِپاشی پر از لوُن

من دستانم را در دستکشی انگشتر خوار فرو میبردم ؛

و خدا چه نیکو می بود ؛

و آهویک بچه ای یکتا خدا را صدا می نمود ؛

و یاس محبوب ترین چیز جهان می بود ؛

و خدایان با هم همباغ* می بودند ؛

و انسان نماینده ی اهورا بر روی زمین می بود ؛

و من بر قَرطاسی *که زن نام می داشت ؛

با جوهری سحر آمیز ؛ می نگاشتم واژه ای رنگین را

واژکی رنگین که خلقت نام میداشت ؛
و من که غواص ژرفنای تاریکی‌ها بودم ؛
سوار بر نهنگی سرخ ؛
گوهری سبز را جست‌وجو میکردم ؛
و من که در تن خسته ی خدا سکونت داشتم ؛
می مَنتوریدم ؛ شهری تنها را ،
شهری تنها ؛
در سِپاشی پر از لون

شب هنگام ؛ ساعت 1:06 دقیقه Monday 16 April 2019
سپاش = فضا
همباغ = شریک
قرطاس = سطحی که میتوان بر روی آن نگاشت
منتوریدن = به دام انداختن اندیشه

چمنزاران

سالار .!.

آنکه راز دهر را می دانسته است ؛

و من او بودم ؛

و ذرات هوا از پرتوهای رنگین نور سرشار می گشتند ،

و من در کارداکِ زندگی ؛ گذشته ها را مرور می کردم ؛

و خیر* چهرایی حقیقت می بود ؛

سالار .!. آنکه حقیقت را می دانسته است ؛

و من آش هستی را با نانی سرد می بلعیدم ؛

و نی بوهای بخت مرا یاری می نمودند ؛

و عشق دَخشَکِ* بودن می بود ؛

و زین رو پذیره ها ؛ نا خورسند می بودند ؛

و من دلفینی را در موزی نیک مشاهده می کردم ؛

و احساس ضعفی نیک سر تا پای مرا فرا گرفته بود ؛

و سپهر فَرخارِ من می بود ؛

و هیستی از نیستی ناپیداتر بود ؛

و من با کلامی

IRANOARABIQUE

چامه می سرودم ؛

و با سربازان خویش از زن ِوجود خویش حفاظت می کردم ؛

من در حالی که به

Genesis

هستی می اندیشم ؛

می چهریدم سرزمینی را که پیش از آن وجود داشته است ؛

چراغهای سالار یک یک روشن می گردند ؛

و من حیران بر سطح سیاره ای تنها ؛

زندگی هایی را که پیش از این کرده بودم ؛

به یاد می آوردم ؛

و به طریقی معجزیک ؛ داشته هایی را که زمانی متعلق به او بود ؛ به دست می آوردم ؛

سالار ؛ آنکه او نیک می دانسته است ؛

آبها می درخشیدند و چمن زاران بهاران بود .

" تقدیم به سالار "

روز هنگام ؛ در روز پنج شنبه ۲۸ فوریه ۲۰۱۹ پایان یافت ؛ در هاسر ۳/۴۴

کالیفرنیا - ریچموند

دَخشَک = نشانه

خیر = مساله

و دنیا در کام ما می بود

و درختان می منتوریدند* ؛
و مرغان پرواز می کردند ؛
آسمان در بالا سنگین تر بود ؛
و مرغهایی که در بالا بودند ؛
دست نیافتنی به نگر می آمدند ؛
و به راستی چنین می بود ؛
عقابها بالاتر از ناوها پرواز می کردند ؛
و ناوهایی که در پایین بودند ؛

از این خیر* ، بی اطلاع بودند ؛

و میان رز و بلوط و باد رابطه ای در کار می بود ؛

و نارنگی چه نیکوویک تُخشه* ای بود ؛

و لون سرخ خود نمایی می نمود ؛

و آبی به رقص اندر بود ؛

و مونومِنتها * می جنبیدند ؛

و خدا اندر کار مسایل می بود ؛

و مردمان همه شادی میکردند ؛

و آری دنیا این چنین می بود ؛

و فلفل چه اندازه نیک می بود .

پایان

تقدیم به شکوفه

اسپنتمان سیار انشانی ملقب به مامز

هاسر ۴/۴۷

جمعه ۱۵ مارچ ۲۰۱۹

ریچموند - کالیفرنیا

- منتوریدن = به دام انداختن اندیشه
- خیر = مساله
- تخشه = صنعت
- مونومِنت = مجسمه

چامه نام " سرخ وسبز و آبی "

پرتوهایی به رنگهای سرخ وسبز و آبی
از گوهر شب چراغ تراوش می کردند ؛
نوری سپید و زیبا از پیش جامه‌ی مریم باکره بیرون میزد ؛
و شمعی نیک می درخشید ؛
و من که مامِز بودم ؛
با روانک نویسانی آبی ؛ فیروزه ای ، سرخ و نارنجی
می منتوریدم* ؛
و با واژگانی موازی ؛

اندیشه‌های به دام افتاده را دیرزی می ساختم ؛

روان نویس هایی به رنگهایی دیگر بر سطح میزی نیک خود نمایی می کردند ؛

خرسی شفاف و پلاستیکی که مملو از عسل بود ؛

شی‌ءِ عجیب دیگری را تماشا می نمود ؛

اشیای پرنده ی ناشناخته بر فراز سر من و زیر سقف اتاق پرواز میکردند .

یک موجود اکسترا تِرِست*

در کنار آباژوری که بر روی میز نخست قرار داشت ؛

به پنجره ی اتاق می نگریست ؛

کفشها ساکت بودند و با پلکهایی بسته به دیوار مقابل خود می نگریستند ؛

و انگشتران من که در دستان نویسای من بودند

از خود صدا در می آوردند ؛

و هاسَر* هفت و بیست و هفت دقیقه ی بامداد را نشان می داد ؛

و این بدان معنی بود

که خورشید برآمده بود ؛

و ستارگان دیگر پیدا نبودند ؛

و خفاش اندیشه خود خدا میبود .

پایان

Thur , March 14 2019

اسپنتمان سیار انشانی

ملقب به مامز

در خانه ی پوران

Richmond - California - USA

- منتوریدن = به دام انداختن اندیشه
- اکسترا تِرِست = موجود فضایی
- هاسر = ساعت

آنکه به راز دهر پی برده بوده است

آنکه به راز دهر پی برده بوده است ؛

مَرالی بوده است ؛

من آهوی هستم تنها که شگفتی های بسیار دیده ام ؛

بته های تلخ چای را کاویده ام

و آبهای شور بسیار نوشیده ام ؛

سردی ستارگان را با تارهایم چشیده ام ؛

و گرمی اُتاب* را با نفس هایم بیرون جهانده ام ؛

من آفتابی بودم آبی که می سرودم تو را هنگامی که سپید بر تن میکردی ؛

من آفتاب پرست بزرگ را تماشا میکردم ؛
من آهوی تند می باشم ؛
با تن پوشی از بَغیار* ؛
من استاره ی اشراق را هر بامداد می بینم ؛
و به چراغهای خاموش رابطه می نگرم ؛
رود خانه ای از آب زندگی ؛
که از تخت خدا جاری می بود ؛
درختان حیات را سیرآب می نمود ؛
و من در زیر باران ؛
بر خاک راستی گام می نهادم ؛
و به بَغ کام* بزرگ می اندیشیدم ؛
و من سوار بر فُرس سپید و تکشاخ اهورا مزدا ؛
قارچهایی سرخ را که در زیر درخت زندگی روییده بودند ؛
می نگریستم
و به گهر بدست ناآمدنی افزو نیک می اندیشیدم ؛
زنی بسیار زیبا و غزل خوان ؛
با گیسوانی شبتاب ؛
عشقی از پیش جوانه زده را به من تقدیم می نمود ؛
و من که مبهوت زیبایی او می بودم ؛

به راز بزرگ زندگی بو می بردم ؛
و افسانه ای به دست نا آمدنی را با تُخشان نا باور خود می نگریستم
و مبهوت این شگفتی می بودم ؛
و من اما زُن سکس را می پاییدم ؛
و من شعله بندی خود ساخته می بودم ؛
و من مالک ملکه ی عدالت بودم ،
در سرزمینی که خُونی رَس* نام میداشت ؛
و آغازگاه ماهروز* ما می بود ؛
آری من نیک کاری ها و بد کاری های شما را میدانم ؛
و ویشادگری نیکو می باشم ؛
روشنتر از خاموشی ؛
من میوه ی کاجی جقّه را می فهمیدم ؛
و در میان کاجهای بامبو با مادر زیبای هستی راز می پیمودم ؛
من بوی خوش سنگ را می دانم ؛
و طراوت نیک باران را در می یابم ؛
من به خدایی - درخت می نگریستم ؛
درختی پر از کفتر که مرا تماشا می نمود ؛
زنی آبی پوست در سیاره ای نیک کودکی را بغل می کرد ؛
و من آن ناشنیده بوده را نیک می نگریستم ؛

و شیر و گاو با هم همریشه بودند ؛
و من پیغمبری سالک بودم که دیرینگی هستی را می دانستم ؛
و به پَشتِ آفرینش آگاه می بودم ؛
و هنگرِفت گیتی را می دانستم ؛
و من شهریگاری بزرگ می بودم ؛
که به سیج* دُروج آگاه می بود ؛
کانی های عشق می درخشیدند ؛
و من از سوی دوشِستر ؛
همیستاران را می پاییدم ؛
و به دروغهای ابر توان مندان می اندیشیدم ؛
و عشق گره گاه داستان ما می بود ؛
آنجا که تؤشنا میتی*
گپ اوّل را می زد ،
و خیر سخن خوُرَن* می بود ،
در چهرنسکی* که بطن زندگی می بود ،
در درازنای یک ناف ؛
من شیفته ی کسی بودم که همه چیز را می دانست ؛
می گفت و می پویید ؛
در هستیکی* که ما را در بر گرفته بود ؛

من اَشا* آگاهم ؛
و با فانوسی که راز می گوید ؛
دمساز می باشم ؛
چراغهای خدا یک یک روشن میگردند ؛
و من با نِویسکی که در دست دارم ؛
واژه ی فروغ را نقاشی میکنم ؛
من با شیوه ای هَلَگ گوُشنیک
کاخهای دانشی را دآشدار می شدم ؛
و این بسیار ارجمند می بود ؛
اَبَر خَرَفَستَران* ما را خرچنگ درمانی می کردند
و ما با تازشی
سپاهی آنان را لبیک می گفتیم ؛
و من آرزومندِ رای گاهی حقانیک می بودم
که هرگز رخ نمی نمود ؛
و ایزدِ اَران* شاهد این ماجرا می بود ،
و من دَر خَش جایی شاد و نیک
غم زمانه می خوردم ؛
و خدا هستی را پیش از نیستی پدید آورده بوده است ؛
و من عَرَق خنک زندگی را با ولع هرچه تمامتر می چهریدم ،

و من به یاد دریای اسرار آمیز پارس جامی شراب می نوشیدم ؛

و من به گوهر هایی زرد و سرخ و آبی می اندیشیدم ؛

و سامان سبز هستی را در دست می داشتم ؛

و دریای آبی و زیبای میمونها را در ویر مجسم می ساختم ؛

در فرازِ بودن جایی هست که ویر ِکَس بدان راه نمی یابد ؛

و عشق چه نیکوویک تُخشه ای می بود ؛

و من چند و چون این مسأله را می دانستم ؛

و اهل کشوری در گرو گرفته شده می بودم ؛

و تو ای انباغ* رازهای نیک من ؛

آیا ما را به ایرانشهر خویش خواهی برد ؛

و من دینداری سپید می بودم ؛

و خُورَم روز چه اندازه نیک می بود ؛

و دی آغاز بهار می بود ؛

و من رَس* پَرستی بزرگ می بودم ؛

که به جشن و سرود و شادمانی نماز می بُرد ؛

در حالیکه به سالار پروردگار گم شده می اندیشید ؛

با پایپی از حیات در دست ؛

و ایزدِ نِریو سنگ در ناف پادشاهان می بود ؛

و خون پادشاهان آبی می بود ؛

که نشان از آسمانی بودن آنان داشت ؛

و ابَر رَوِشن* از میان رفته بود ؛

زیرا که تیسفون شکسته بود ؛

و من روی یار را در خواب می دیدم و حظ می بردم ؛

و تو اهورا را زَند* می کردی ؛

و اَهلو خدایان* چه اندازه نیک می بودند ؛

و آوام* زندگی یکی پس از دیگری سپری می گشتند ؛

و ماه و ناهید با هم ؛

هم نزدی می داشتند ؛

و کیش سپید چه اندازه نیک می بود ؛

و تو زرتشت را می پرستیدی ؛

و سخا چه اندازه نیک می بود ؛

و زیبایی شکست ناپذیر می بود ؛

و زمستان با مهر می آغازید ؛

و " دا " نام اورمزدا می بود ؛

و من عسل خورشید را با مردمکان تشنه ی

خویش می نوشیدم ؛

و من که مامز بودم ؛

واژه ی عشق را می منتوریدم ؛

و ماتِرِیِل* چه اندازه شگفت انگیز می بود ؛
و من تاس اندازی ریسک باز می بودم ؛
و ما همه عاشقانی گردو باز می بودیم ؛
و من شاهی در میان گدایان بودم
در سرزمینی که مردمانش فاقد معنی بودند ؛
مرواریدی در پیاله یِ شراب خودنمایی میکرد ؛
و من دل تاریکی ها را در می نوردیدم ؛
و با عالیجناب خاکستری ؛
اهریمن ؛
مبارزه می کردم ؛
و تو کوکتیلی زهر آگین که حاوی تمامی عفونتها بود را سر می کشیدی ؛
و ایلخار نادانی شبیخون میزد ؛
و من در عالمی گیتیک مینوویک به مقابله بر می خواستم ؛
و تو با منشی نیک ؛
گَوِشنی نیک و کُنشنی نیک مرا پشتیبانی می نمودی ؛
و ایلغار روشنفکری چه اندازه نادان می بودند ؛
و مه بانگ محل تجلی های گوناگون می بود ؛
و ما مردمانی دُو بُن هَنگار* می بودیم ؛
که ایوَک سا بُن هنگار* گشته بودیم ؛

و زندگی چه اندازه ترش می بود ؛

و من به نَسکِ ابر خرد و کام ایرانشهر* می اندیشیدم

و اِخوی دوده* چه اندازه نیک می بود ؛

و من پیوسته سینه های زیبای یک فاحشه را تماشا میکردم ؛

و در جهان اَیوازیک* خود ؛

مهبل زیبا و بزرگ مادر هستی را

در ویر می چهریدم ؛

و اَز درنگ بهره می بردم ؛

و خدا پرده ساز این بیچشمک می بود ؛

و عشق واژکی بود که هرگز کسی از آن سیر نمی شد ؛

و عشق دادستان زندگی می بود ؛

و دام عشق این را نیک می دانست ؛

و ما همه مردمانی فرمانبر بودیم ؛

که ویدوشانی* بزرگ می بودیم ؛

و آناتی شگفت می داشتیم ؛

و من در حقیقت بهشت سیر می کردم ؛

و اَرَتا آن بهشت سبز رنگ را به یاد می آوردم ؛

و با دل صورتی خود به آن بهشت نارنجی می اندیشیدم ؛

و در حالی که پَتِت* می کردم ؛

دَر مَنَه به ایوانجلس مآنی می چهریدم ؛
و من فرشته‌ی مَنَهی عالم می باشم ،
و من بزرگترین کافر جهان بودم ؛
در میان آبشاری که ما را احاطه کرده بود ،
من تنِ فرشته ای خود را در فضا معلق می دارم
و به سخنهایی می اندیشم که آشنا می بودند ؛
و با خود راز می گویم ؛
و راه می پویم ؛
و من شیری سرخ در خورشید می بودم ؛
شناور در سِپاش* بی کران اهورا مزدا ؛
با اندیشه هایی سپهریک در سر ؛
معجزه یِ من کلام من می باشد ،
و ما هر دو حلقه هایی بودیم
که با انارهای سرخ آن درخت واژگون بازی می کردند ؛
و انسان تنها در نبرد است که به زیبایی حقیقی دست می یازد ؛
و من آن ماهی سرخ را درزیر درختی نورانی تماشا می کردم ؛
و با ذهن فرآستی خود دلشاد می بودم ،
من در حالی که به هاینا می اندیشم ؛
آینه را در ویر مجسم می سازم و به مرد پشت آینه می نگرم ؛

من نابینایی حقیقت دان می باشم
که به هنیایی که در اَشا جاری است ؛ آگاه است ؛
من خدایی هستم که خدایانی بالاتر از او آفتابش می دانند ؛
من با بالهایی نامریی در حالی که شگفتی ها را می پیمایم ؛
با ماه عشق می بازم ،
من خدا را در هر پگاه می بینم ،
حال ، آفرینش من بوده است ؛
من فانوسی حقیقت گویم تنها
که رازهای شما را در می یابد ؛
و از زیبایی ها گرته بر می دارد ؛
اهل قبیله ای آریایی ؛
من در حالی که به گرد دیدگان خود سرمه می کشم ؛
با واژگانی موازی ؛
حلقه های آگاهی را در می نوردم ،
و می چهرم ؛
شمعی تنها را ؛
شمعی تنها در سپاشی پر از قیر ؛
در زامیادی که ما را در بر گرفته است .
، """ پایان """

هاسر : ۱۲/۱۳ دقیقک از شب رفته
۱۲ فوریه ۲۰۱۹
ریچموند - کالیفرنیا - آمریکا
" اسپنتمان سیار انشانی - علی تقوایی "

تقدیم به خاله ی زیبا و عزیزم مریم (مریم بانو)

اوتاب = آفتاب

بغیار = پارچه ای گرانبها که در قدیم رایج بوده

بغ کام = نام شخصی که نیکمردی بوده است

خونی رس = قدیمی ترین نام ایران که در متون زرتشتی آمده است

ماهروز = تقویم

سیج = خطر

ایزد توشنام ایتی = ایزد اندیشه کردن در تنهایی

خورَن = فره

چهرنَسک = کتاب تصویری

هَستیک = هستی ؛

اَشا = نیروی راستی جهانی

خُرَفَستَر = موجودی بی خاصیت ؛ زشت و نورترس مانند سوسک و عنکبوت

اران = ایران

انباغ = شریک

رس = صلیب

ابر رَوِشّن = سنت

زند = تفسیر

اهلو خدایان = پادشاهان نیک

آوام = فصل

ماتریل = ماده

دو بُن هنگار = دوگانه پرست

ایوَک سابن هنگار = یکتا پرست

نسک ابر خرد و کام ایرانشهر = اثری از شاعر و فیلسوف بزرگ ایران کیخسرو آرش گرگین

اِخوی دوده = ازدواجهای خانوادگی

ایوازیک = شخصی

ویدوش = عارف

پَتِت = توبه

سپاش = فضا

سوار بر قایق حیات

در دریای آبی چشمانت ؛ بر قایقی سوار بودم

شب بود و مرا ماه رهنما

باد از جانب شرق می وزید و ماهتاب

سکه های سیمین اش را برایگان نثار میکرد

و آبی چشمانت ؛ خاطر شب گرد مرا

مشغول میداشت

غریب شبی بود و شگرف ماهتابی

دریا آرام بود اما دل امیدوار من

بی قرار

یاد چشمان آبی ات ؛ دیوانه ام میساخت

ونوس بر اندام زیبایت ؛ پرتو افشانی میکرد

و من در میان آبی دریای دیدگانت

متحیر به این سو و آن سو ؛ سکندری میخوردم

و در وادی تحیر ؛ تو را تحسین میکردم

دریای عمیق دیدگانت مرا ژرف اندیش

ساخته بود

غریب شبی بود

شگرف مهتابی

و شما ای شمعهای کیک تولد خدا
ای بلند اختران آسمان ؛ شما را به خدا
به کدامین سیاره شوم
به کدام کهکشان ؛ پناه برم
اُمید آفتاب به چه کسی بسته گشته است
که ماه امشب خسوف کرده است
بهرام برنیامده دیرگاهیست که زهره
طلوع نکرده است .
بر کدام شهاب سوار شوم و به کدامین سو رهسپار
ای بلند آسمان وی پرستاره شب

حیرانم من از آن انفجار تو

سرگشته از این امتزاج تو

آماچ جمله ها گشته این دلم

و آوای لحظه ها رفته از سرم

نیت تو چیست از خلق آن سیاه

کام تو چون بر آید از جفا

آنروز که خود را شناختم ؛ دانستم که

سنبل چه رایحه نیکی دارد و بنفشه چه

زیباست .

بر پشت زمان سوار بودم که بادی به ناگاه

بر زمینم آورد.

اقیانوس اطلس شمالی متلاطم بود

و هومهای* البرز ؛ به تاراج رفته بود

خدا دیگر حضور نداشت .

-هوم : نام نوشیدنی ای که در آیین زرتشت ؛ الهی محسوب میشود

زمین

ای سیاره ی آبی ؛ سپید ؛

قهوه ای ؛ سبز

مرا با تو رازهاست .

ابرها ؛ این ابروهای سپید تو چه زیبا هستند

آبها ؛ این مایه ی حیات تو چه سرشارند

خاکها ؛ این مایه ی استحکام تو چه وهمناکند

و آسمانت چه رقیق القلب است

رازها در کُنه تو است .

گنجها در خرابه های تو

آبها در کویرهای تو

در ایران تو

همه چیز هست ؛ إلا

آزادی .

زندگی شاید حس لطیفی باشد که یک
زن هنگام آرایش کردن دارد
زندگی شاید سُر خوردن یک مورچه
از سراشیبی یک حفره باشد
زندگی شاید پرکشیدن یک قناری از
قفس به امید آزادی باشد
زندگی شاید رها شدن اصوات در
فضایی لایتناهی باشد
هر چه باشد
زندگی این است

اجباری که ما را به سوی شدن وا میدارد

غایت زندگی

شدن است

آنان را که " نشد " را فریاد میزنند ،

مردگانی بیش نیستند

امواتی که اگر باورشان داری

به مرگت رهنمون می کنند

پس تا شقایق هست

زندگی باید کرد .

علی , ای مسافر شرق

وی پوینده ی راه

ای طالب یوگا

وی گمگشته ی دائویی

ای همپیمان بودا

وی سرسپرده ی بودا

ای گریزان از وایوٌ

وی جوینده آیو

ای خواستار دائو

وی تشنه ی آئوٌ

مرا با تو حرفهاست

مرا با تو رازهاست

سایر کدام اقلیمی تو

معتکف کدام کوهی تو

قاف تو گمگشته است

تو خود قاف و قاف ناپیدا

زمانی به خود میگفتی که پیری یابم

تو خود پیر و پیر ناپیدا

برون آ ز خود

ز بیرون بنگر خویشتن را

به خود آ

به خود آ

به خود آ

به خدا

Weblog
Search

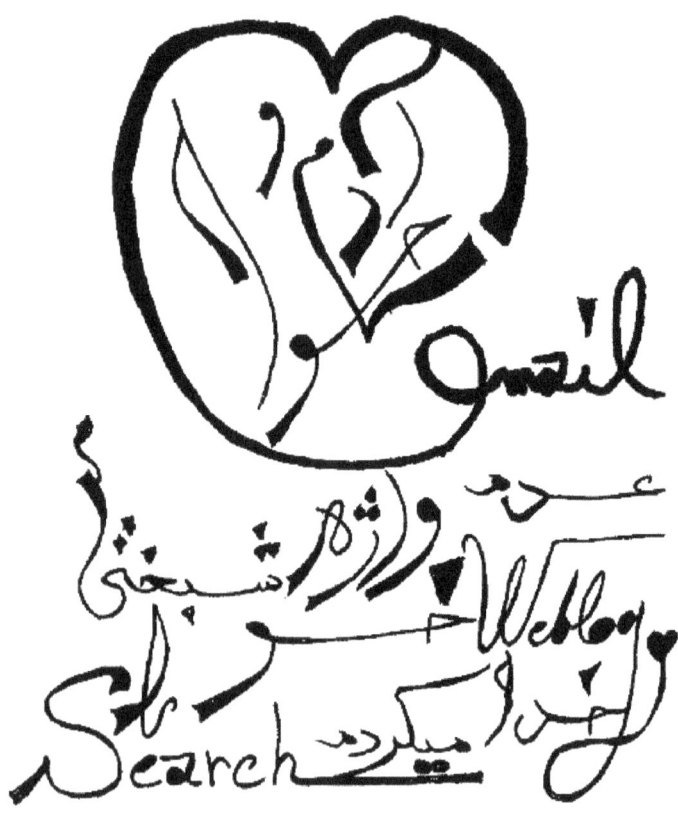

صورت فلکی کدامین گیتار را دوش
من در خواب دیدم
و کدامین فرشته بود که می نواخت
هنیاک * دل انگیز بودن را
کامیار * من و تو آنروز که ماهتاب
بر آینه ی دریا چهره افکنده بود
و آدم جرعه ای از کنیاک خلقت نوشید
مست رنگها بودیم
و نخستین فیلم خدا را در سینمای
حقیقت تماشا میکردیم

شهر فرنگ هستی پُر از ستاره بود
و حوا
نخستین سیگار معرفت را به آدم
تعارف میکرد.

چپق وحدت مملو از تنباکوی کثرت بود
و آدم از حقه‌ی حیات بی خبر

دانلود زندگی
جست و جوی حقیقت
نقش قلبی تیر خورده بر دسکتاپ عشق
و تو در جی‌میل عَدَم
ایمیل " بودن " را باز میکردی
و من از اینترنت هستی
واژه‌ی خوشبختی را سرچ میکردم
من و تو در سایت معرفت بود که با هم آشنا شدیم
همگام در وبلاگ خدا

- این شعر تقدیم شده است به کامیار شاپور ؛ پسر فروغ فرخزاد
- هنیاک : موسیقی

من آسمان مشترکم

مرا پرواز کن

آبی ترین حباب

بی کرانه ترین کرانه

ترانه مند ترین ترانه

دریای اساطیر آن بالا منم

مرغ دریایی من سنگ سرگردانی است

که شبانگاه فرو می افتد شعله ور بر دریا

خورشید ؛ آن آپارات هستی

ماه را نمایان می سازد ؛ بر " پانوراما " ی من

هر شامگاه

ابر تخت خواب من است
خدا در من زندگی میکند
من پرده ی اسرار خلقتم

دریچه ی امید
زیباترین پدیده ی وجود
همه چیز در من جاریست
راز باران را میدانم من
زمین جزء لاینفک من است

مرا دریا آینه است
در من ترازوییست
امّا
هیچ ترازویی یارای کشیدن مرا ندارد
دُر من ؛ گوی درخشانیست که به اندازه یک ستاره دریایی

بل بیش ؛ بل کم پا دارد

میان من و دریا
رابطه ای مرموز است

گرچه پر از اجرامم ؛
دل من تو خالیست

خیام کیوانم من
زرتشت از من آمد به زمین
بودا در من می زید
بودا در من می بوید
رایحه ی لطیف بودن را

مانی ؛ مزدک ؛ بابک
همه فرزندان منند

معراج محمد بر بُراق ؛ در من بود

بازگشت عیسی نیز هم

به رفتن شتاب مکن

شاید که غنچه ی گلی شکفته باشد در گلدان

تنهایی تو

روبرویت دریا

پشت تو غنچه

بالای سر تو آسمان

زیر پای تو زامان *

جامه ای سپید بر تن

برهنه پا

بر آسفالتی که به دریا میرسد

بادبادک آزادی تو ؛ بر تیر چراغ برقی
به دام افتاده
و تو تنها بر خلاف جهت باد
به سویی میروی که آبها بدان ریزانند

به رفتن شتاب مکن
شاید که بیش از این ؛ بر آسفالتی که بر آن پا می نهی
حلزونی خاص گذر کرده باشد
یا که خون اناری بر آن چکیده باشد
شاید هم که کرمی خاکی به امید یافتن جفتی
بر آن جان سپرده باشد

شمشادها چه زیبا هستند
سروها چه شاد

امواج دریا چه طنینی دارند
همه جا سبز است
سبز چون خزر پاک جغرافی ما

-      زامان = محل زایش

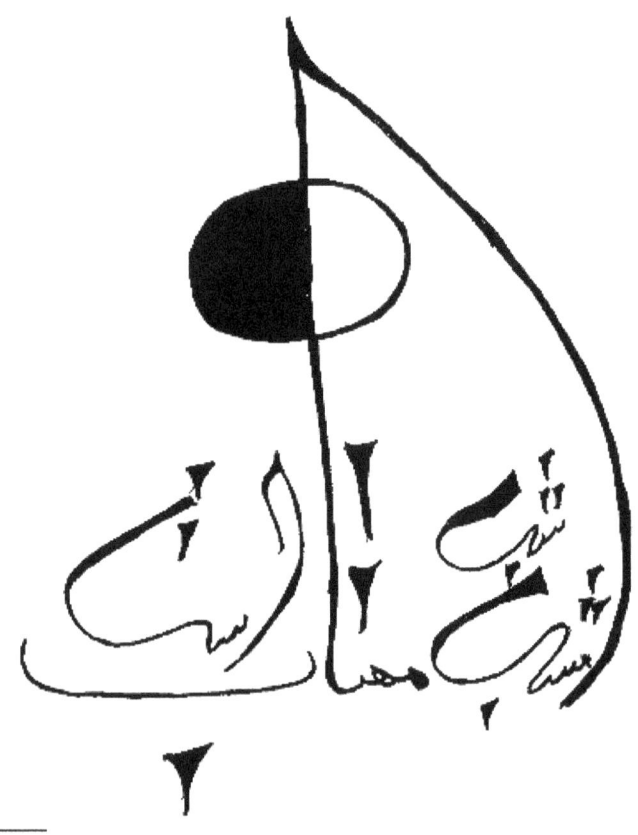

من شمع و تو پروانه

دیرست ؛ نرو خانه

سرد است ؛ زمستان است

در راه بیابان است

امشب ؛ شب مهتاب است

گرگی به در خانست

شمعی که می بینی

عاشق تو پروانست

من و پیاله آماده

امشب ؛ شب شاهانست

من آهن و تو آهن رُبا
من کاه و تویی کهربا
من شمع و تو پروانه ای

من دانه
تو دردانه ای
من بد و تو خوبیا
تو آبی و من سبزیا

آن ماه منور تویی

من شبم و روسیاه

تو اناری و من مُشت وا

تو پُری و من خالیا

من زردم و بی رنگها

تو آبی آن آبیا

عشق

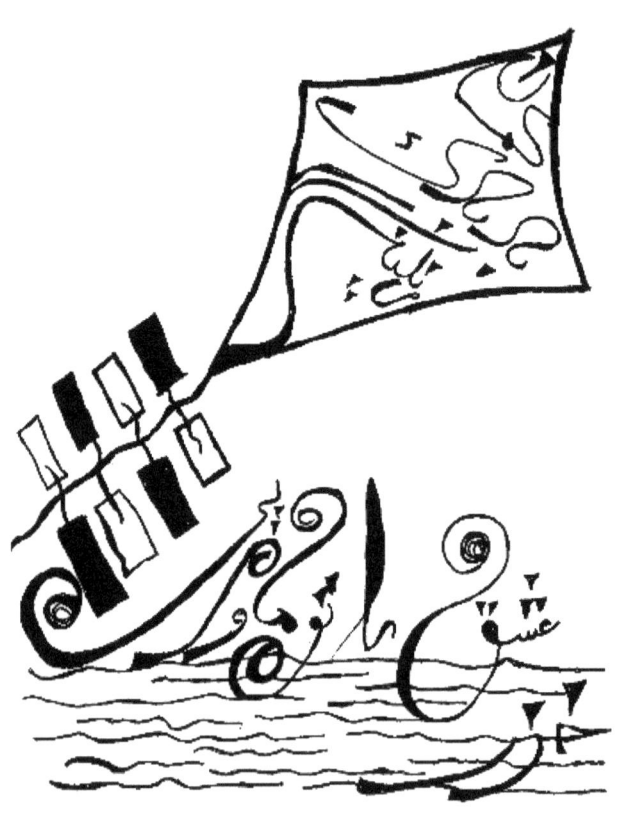

امروز دلشادم

دلشادم از آنک

که بر کرانه های دریایی

که امید زندگانی میتراود از او

خرامان رها و آزاد با سیگاری بر لب

میسرایم چکامه ی نشاط گوش ماهی را

نام این دریا سبز است

و این دریای همیشه سبز

سالها از آنروز که خود را شناخته ام

مرا نیز سبز ساخته است

خظر ای زیبا دریا که بادبادک رنگین کمان

عشق را تو ماوایی

ز آهنگ تو مست ما

زُهام تو منگ ما

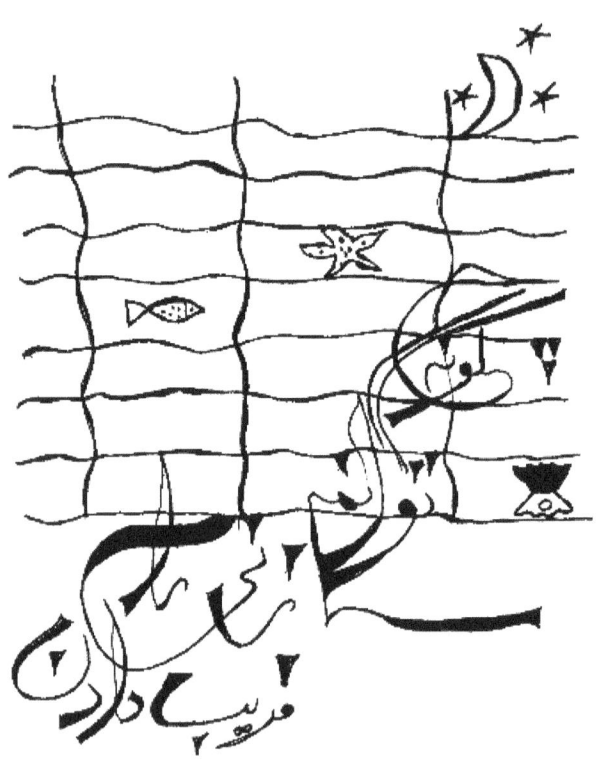

من که هرگز حلزونی را لگد ناکرده ام
چگونه توانم زنی را فریب دادن
یا شکار آهوی تنها
یا دام گستردن برای صید یک ماهی
شب شد؛ بیگاه شد ؛ ماه پیدا شد
و در این ظلمت روشن دریا ؛ مَد شد
ابر شد
سرد شد
بارید باران
و صدف آبستن شد

از روشنان آسمانی تا ستارگان دریایی راه بسیار است

لیک از فرو تا فرا راهی هست بس کوتاه

از دریا تا دریا راهی نیست

لیکن سخت دشوار است

سه شنبه ۴ تیر ۱۳۹۲ ؛ ساعت ۴:۲۵ دقیقه ی صبح

آیه های زمینی 110

من در آن ظهر گرم

در کنار پرستشگاه کهن چُغازنبیل

از خدایان عیلام

موفقیت آتی خود را طلب کردم

من در آن ظهر گرم

از فراز تپه چُغازنبیل

رودی شکوهمند را نظاره کردم

من در آن ظهر گرم

در کنار تک درختی زیبا

آسمان آبی را

ستایش کردم

ای خدایان عیلام

هنوز شما در خوابهای ما بیدارید

و در بیداری ما ، خواب

آنان که میگویند شما مرده اید

خود مرده اند.

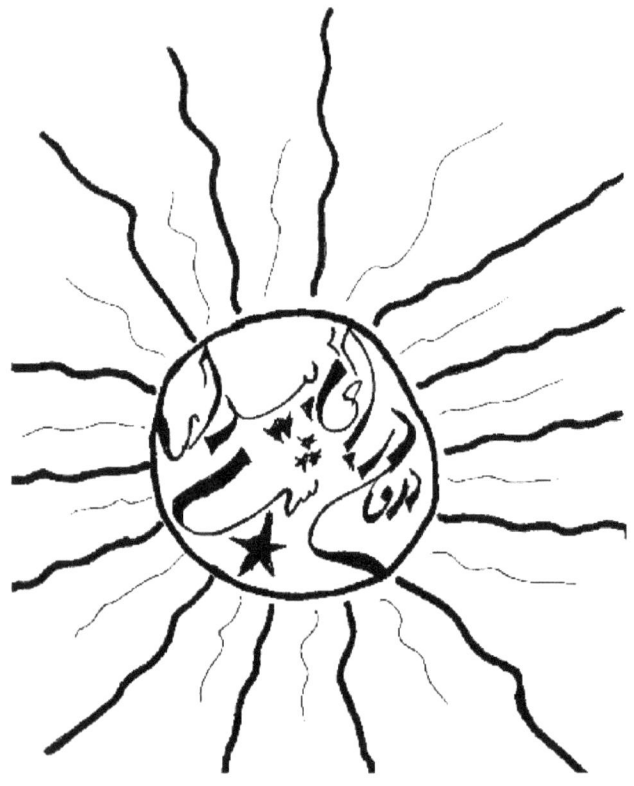

ای شمایان که زیبا نیستید اما دلی پاک دارید

ای شما که هم زیبا هستید و هم دلی پاک دارید.

اگر دنیا بی پروانه می بود بی شک چیزی کم می داشت.

آسمان تابلوی نقاشی خدا بود

و ماه و خورشید نمادی از زن و مرد

آن که او گلوله ای از جنس هستی را به قلب های ما شلیک کرده است؛ هم ساختار نیستی را می شناخته است.

پرندگان نژادپرست نیستند.

این کشتی شکسته ی ماست که به ساحل نرسیده است.

آنها هنوز پرواز می کنند و این مایه ی بسی خرسندی است.

و تو درحالی که به خال پیشانی آن مام آسمانی* می نگریستی؛ فاجعه ای هولناک را در آلیس* پیشگویی می کردی

و من ایستاده بر چکاد کوهی بلند

شاهد آغاز پایان تاریکی ها بودم.

و تو خواهان خرد تندرست اهورایی بودی.

اشوزوشت* ناخن های دستان اشو زرتشت را خورده بود که یاران آغاز به وردخوانی کردند:

ای مرغ اشو زوشت؛

از این ناخ نها به تو آگاهی می دهیم و آ نها را ویژه ی تو می دانیم؛

باشد که برای تو نیزه ها و کاردهای زیادی شوند؛

کما نها و تیرهای شاهین پر بسیار و فلاخن های بسیاری شوند؛

علیه دیوهای مازنی

بیماری ای به نام اروما* در تیسفون* شایع شده بود که نیای بزرگ مرا نیز مبتلا ساخته بود.

و من با یک پر آتش؛

تنها

بر روی این حباب

آینه ای را جست وجو می کردم.

ای مصریان گا و پرست،

من برفراز حرم بزر گ تان؛ اهورا؛ آن اقیانوس آتش را ستایش می نمودم

من در آن بالا

بر ستیغ اندمه هایتان*

گوی سپید ماه را پرستار بودم.

و من؛ تنها

در سیاره ای به نام زمین

خدا را تماشا می کردم.

گاومیشی؛ گله ای را

در چراگاهی واقع در سایاباریا* هدایت می نمود.

و تو تندیسی از آلامیترا را،

با دستی افراشته و انگشتانی که به آن دریای تاریک بالاها اشاره می کرد؛

می تراشیدی.

درختان نجیب،

با رادارهای طبیعی خود

امواج ساطع از آسمان بیکران را دریافت می کردند.

و من با شنیدن آوای خورد شدن شاخه های خشک در زیر پایم،

خوشبختی را لمس می کردم.

پس خردمندان سکوت می کنند

و به آوای طبیعت گوش فرا می سپارند.

آری؛ هرکجا که درخت می روید،

خوشبختی نیز می تواند حضور داشته باشد.

علی تقوایی

فوریه سال ۲۰۱۸

ریچموند - کالیفرنیا

- منظور مادرخدا آلامیترا است که ایرانیان باستان به او اعتقاد داشته اند و معتقد بوده اند که در طولانی ترین شب سال بشر را آفریده یا زایانده بوده است.

- شهری ایرانی و بسیار آباد و پر جمعیت در میان رودان (عراق کنونی) که پس از یورش تازیان ویران شد و مردم آن قتل عام شدند و از صفحه ی روزگار محو شد.

- جغدی مقدس در آیین زرتشتی که ناخن خوار بوده است.

- واژه ای ایرانی آریایی و به معنی «عشق» بوده است.

- پایتخت ایران زمین در پایان دوران ساسانی در میان رودان (نزدیکی های بغداد کنونی).

- اندامه: واژه ای پهلوی و معادل نوستالژی در زبا نهای اروپایی.

- نام اولیه ی سرزمین سیبری در روسیه ی کنونی، که گفته می شود اولین شهر جهان بوده و ایرانیان اولیه در پانزده هزار سال پیش در آنجا زندگی می کرد ه اند و به معنی ی سایه باران می باشد؛ چون در اکثر اوقات سال ابری است.

Coco
CHANEL

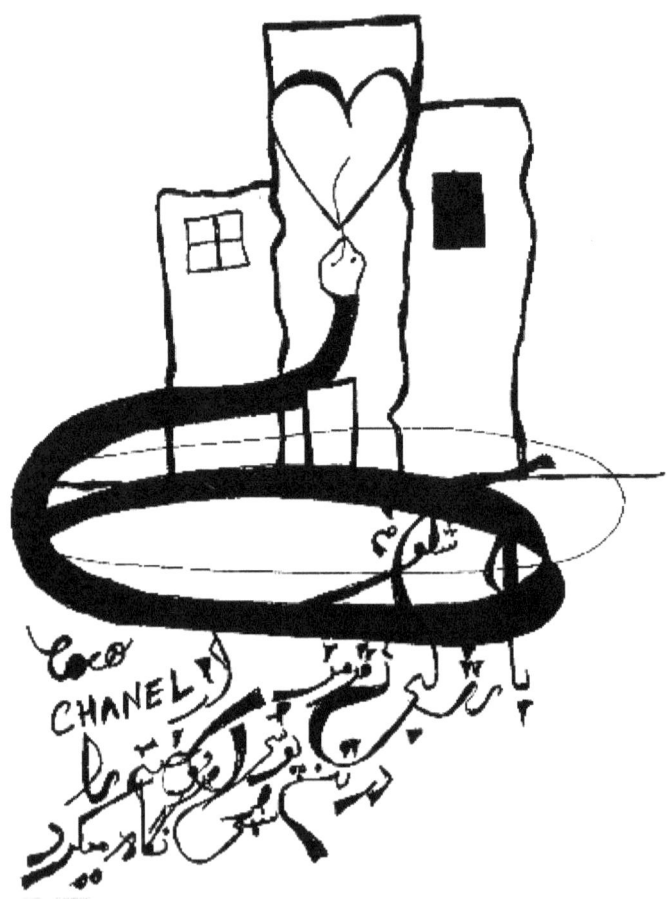

گنج

من از نژاد خورشیدم

و تو بر فراز آسمان خراش عشق

واژه کیهان را

چهار بار فریاد زدی

و من

محبوس در این سیاره بی حفاظ

هُرمزد آسرُن را به یاری طلبیدم

افعیی سیاه

بر دامنهء صخره سرخ
شعله ای نامریی را
پاس میداشت .
و من خودنویسی سبز را به خا تونی سیاه وا میسپردم
شیری سرخ ؛ الماسی زرد را در مرکز لابیرنتی از ماز هستی قرار میداد
اردیبهشت ماه بود
رهسپار جنگل پرسشهای ایزدی بودم
که در میانه راه
با اسپانی سپید و سیاه رویا رو شدم
شب هنگام بود
هُرمزد دروغین با فره ای دروغین
جمشید راستین را فریب میداد
غضحفرها ؛ این پرندگان آشنا
چه نوایی داشتند
و آنها سوار بر بشقاب پرنده شان
از آسمان طبس عبور میکردند
و من سرشار از مکاشفه خویش
یک بطر " گِری گوز " مینوشیدم
گنج نامه ای در زیر آجری سرخ پنهان بود

و تو سوار بر شتری دو کوهان

مرا به یاد سرخی گونه های اشو زرتشت میانداختی

و من پری از تاج زردهای سپید را در لای حافظ قزوینی - غنی میگذاشتم

گردوها ؛ این اتمهای خوراکی

مرا در هنگامیکه ؛ یک میمون بودم

سرشار میساختند

و تو به بانگ پهلوی

بازگشت آریا را با پشتیبانی گیتاری قرمز رنگ ؛ نوید میدادی

دختر بچه ای سیه مو

به خوکچه ای هندی

خیار میداد

و تو در روزگار آریامهر

خاویار طلایی تناول میکردی

و من

پوشیده با کتی سفید

کفتری سیاه را در سیدنی

نظاره میکردم

چکمه های رضا شاه

مرا به یاد مهره ٔ مار مادرم میانداختند
و من
واژه شیطان را ۶۶۶ بار فریاد زدم
شکوفه با رژ لبی قرمز
در تن پوشی از کوکو شانل
شمعی افروخته را نگاه میکرد
و من صراحی در دست
از خنده جامی اسرار آمیز
شاد میشدم
جیمز باند
خمری بهشتی مینوشید
که من با شمشیری افراشته
نام اُدین را فریاد زدم
قویی سپید و پرنده
که شب هنگام در درختی محو میشد
تو را به یاد معمای باب می انداخت
انگشتری با نگینی بنفش
مرا
که سوار بر قالیچه شاه سلیمان بودم

به یاد خدا می انداخت

و تو با سیبی زرین

در دست

شاهد نرد باختن من و رقیبی سرسخت بودی

و من از پشت نقاب خفاشی ام

بید قی سیاه را

بر صحیفهء شطرنجی از جنس هستی

به پیش میراندم

ستارگان

از فرای فراز آسمانی روشن

میتابیدند

مرواریدی سیاه

بر بالای نعل اسبی وارونه

مرا به یاد کیوسکی سرخ رنگ می انداخت

ویوَنگهان

هوم مینوشید

و جمشید

زمین را

فراخ میساخت

درفشی به رنگهای سرخ و زرد و بنفش

برافراشته میشد

و من

خرقه ای را می سوزاندم

شانزدهم ژانویه ۲۰۱۷

طوطی سرخ

درود بر تو ای اختر نجیب خورشید
که زندگی میبخشی و هر صبح برمیایی
و هر شام فرو میشوی

درود بر تو ای آفتاب بی دلیل
ای استاره ی بی بدیل
راز خستگی ناپذیریت را من میدانم

اما نمیتوانم گفت

که این یک راز است

شیران همه از شیر سرخ تو سرافراز

پاینده باشی ای نشانه‌ی ایران

تو در درون زمینی و زمینی در درون توست

شعله واحدی از تو و تو واحدی از مرکز کهکشان

درختان همه از تو شکوفان

گلها همه از عشق تو رنگارنگ

ای فروزه‌ی جاودانه‌ی زرتشت

دریا آینه جمال توست

ای زیباترین

ای نشانه‌ی هستی

ماه از غم دوری تو گریان

خاک از غم دوری تو مغموم

ای که شادمانه برمیایی و غمگنانه غروب میکنی

راز شکست ناپذیریت را هم میدانم

اما نمیتوانم بازگفت

من و تو با هم ماجراها داشته ایم

دلم برایت سخت تنگ شده است

کی به تو باز خواهم گشت

تو در درون هر نوزادی و نوزادی در درون توست

تو در درون هر صدف

تو در درون هر دانه

تو در درون هر ذره

تو در درون هر خانه

امشب مرا بی خواب ساخته ای

ای بیدار در درون شب

ای بیدار در درون خواب

پنجشنبه بیست و سوم فوریه ۲۰۱۷

Wollstonecraft, Sydney - Australia